Abt Martin Werlen OSB

—

Bahngleichnis

In grosser Dankbarkeit gegenüber allen, mit denen ich in den vergangenen zwölf Jahren unterwegs sein durfte!

Illustrationen: Pater Jean-Sébastien Charrière OSB, Kloster Einsiedeln
Grafik: Artwork, 9016 St. Gallen, www.art-work.ch
Druck: Franz Kälin AG, 8840 Einsiedeln, www.druckerei-kaelin.ch
Papier: PlanoArt, Papyrus Schweiz AG
Buchbinderei: Schumacher AG, 3185 Schmitten, www.schumacher.ch

ISBN 978-3-9524034-2-6

Inhaltsverzeichnis

Zugvorbereitung 4

—

Gemeinsam 8

An vielen Orten 26

Bei Tag und bei Nacht 34

Trotz Pannen 46

Zügig 60

Unterwegs 68

Zum Ziel 84

—

Zugschlusssignal 94

Zugvorbereitung

Zu den bekanntesten Erzählungen in der Bibel gehören die Gleichnisse, die Jesus den Menschen erzählt hat. Gleichnisse sind Versuche, sich der Ausdrucksweise der Zuhörenden anzupassen und ihnen einen neuen Zugang zum Geheimnis des Lebens zu schenken. Jesus entnimmt die Bilder aus dem Leben in Palästina. Die Gleichnisse sind meistens kurz und zeichnen sich durch eine schlichte und klare Sprache aus. Die Zuhörenden sind eingeladen, das Bild zu deuten. Ein Gleichnis hilft, ‹dahinter› zu schauen. Es sind zwei Ebenen gleichzeitig im Spiel. Und genau das soll schon hier bei dieser Vorbereitung gewagt sein.

Die vorliegenden Bahngleichnisse wurden nicht in einem Zug geschrieben und sollten auf keinen Fall in einem Zug gelesen werden. Das meine ich im Ernst, aber doch mit einem Zwinkern... Wer diese Gleichnisse in einem Zug liest, wird ihre hintergründigen Anspielungen nicht erkennen, wird sich am Spiel mit Worten und mit der Sprache nicht freuen und den Humor nicht entdecken. Freude an Gleichnissen kann nur finden, wer sich Zeit zum Verkosten gönnt. Auf den ersten Blick sind es Selbstverständlichkeiten, doch immer ist auch etwas ‹dahinter›. Zum Blick ‹dahinter› laden auch die Bilder meines Mitbruders Pater Jean-Sébastien Charrière ein. Sie sind gemalte Bahngleichnisse.

Diese Bahngleichnisse wurden in den vergangenen drei Jahren in einem Zug geschrieben (drei Ausnahmen sind im Kloster entstanden, aber auch sie mit Bildern aus der Welt der Bahn). Es ist offensichtlich: Bahnfahren – und dazu komme ich oft – schenkt viele Gleichnisse. Jedes Gleichnis ist in einer konkreten Situation entstanden.

Ein anderes Mal schreibt der Servicedienst der SBB:

- *Für euch getestet: Eine Zugsumleitung macht die Bahn nicht schneller. Der @AbtMartin spräche wohl von Bahngleichnis... #SBB*

- *Dafür bleibt mehr Zeit für Muse. Und die alte Strecke nach Bern hat auch ihren Charme.*

- *#Bahngleichnis Selbst eine Umleitung kann ans Ziel bringen.*

Ein Zug ist angekommen, wenn er anhält; ein Bahngleichnis ist angekommen, wenn es weiterrollt. Ich freue mich, wenn Leserinnen und Leser angeregt werden, selbst Gleichnisse niederzuschreiben und zu meditieren – dort, wo sie am besten zum Zug kommen. Eines ist klar: Gleichnisse bringen Lebenserfahrungen auf den Punkt und lassen den Gedanken doch freie Bahn.

Abt Martin Werlen OSB

[1] *Zitiert in: Martin Schleske, Der Klang. Vom unerhörten Sinn des Lebens. München ^{5}2012. 9.*

Man kann auch mit Menschen erfolgreich
zum gleichen Ziel unterwegs sein,
mit denen man die grösste Mühe hat.

Im Zug finden manche Erwachsene in Jugendlichen Vorbilder.

Wer mit Menschen unterwegs ist, die nicht selbst ausgewählt wurden, trägt zum Frieden in der Welt bei.

Die Kommunikation, die durch andere unterbrochen wurde, ist leicht durch eigene Initiative wieder aufzunehmen.

Selbst ein voller Zug
ist des einen Freud,
des andern Leid.

Wer im Auto unterwegs
ist, bleibt in seinen
eigenen vier Wänden;
wer im Zug reist,
begegnet der ganzen Welt.

Alle Generationen, Zufriedene, Betrübte, Intelligente, noch Intelligentere miteinander unterwegs. Richtig katholisch.

Fahrt mit der Bahn lässt uns erfahren, dass wir tatsächlich alle (!) im gleichen Boot sitzen.

Weihnachten ist wie Bahnfahren:
Nur wer tatsächlich einsteigt,
wird auch mitgenommen.

Wer sich früher als die
Mehrheit auf den Weg macht,
ist oft allein im Abteil.

Bahnfahren ist spannend,
obwohl die meisten Menschen,
mit denen wir unterwegs sind,
nicht von uns ausgewählt sind.

Wenn ein Zug abfährt, ohne dass man
eingestiegen ist, ist er deswegen
noch lange nicht ein verpasster Zug.

Wer viel fährt, er-fährt viel.

Dass wir mit der Bahn von A nach B fahren können,
verdanken wir vielen tausend Menschen.

Man wünscht nicht allen Anschluss
mit dem Handy, die den Anschluss
mit dem Zug geschafft haben.

Lieber in einem vollen Zug mit nüchternen Menschen
reisen als in einem leeren Zug mit vollen Menschen.

Nicht alle Mitfahrenden sind angenehm, aber das Ziel erreichen wir nur, wenn wir mit ihnen auf dem Weg bleiben.

Dank der Mithilfe anderer kommen Müde genauso schnell vorwärts wie die anderen.

Am besten fahren alle,
wenn man die anderen so behandelt,
wie man selbst behandelt werden möchte.

Wer für eine Verspätung verantwortlich ist,
lässt einige in der Kälte stehen.

Der Kluge reist im Zuge. Positive Entdeckung: Es gibt viel mehr kluge Leute, als ich das bisher gemeint habe.

Wer im gleichen Zug fährt, muss nicht im gleichen Wagen sitzen.

Die längsten Strecken werden auch die grössten Leader von anderen gefahren.

Manche Verspätung kann aufgefangen werden, weil auch andere verspätet sind.

Im Zug wird man gefragt und man kann antworten.

Nach einer Sitzung, an der von einem Verantwortungsträger geklagt wurde, dass sich die Menschen unserer Zeit nicht für den Glauben interessieren.

Wenn SBB wüsste, wieviel Vertrauen ihr Tag für Tag entgegengebracht wird, sie würde mit allen Mitarbeitenden Erfolg feiern.

Wenn die Bahnmanager wüssten,
wie viele gute Ideen beim
Bahnfahren geschenkt werden,
wären die Tickets teurer.

Wenn Gesellschaft wüsste, wie viele gute Ideen beim Bahnfahren geschenkt werden, würde der Staat die Tickets bezahlen.

Die einzelnen
Wagen können nicht
schneller fahren als
die Lokomotive zieht.

Jeder Zug eine grosse WG.

Wer sehr früh dran ist, muss es ertragen, allein unterwegs zu sein.

Nicht jeder, der im Zug sitzt, ist auch im richtigen Zug.

Vorurteile beschränken: «Ist das nicht der Abt von Einsiedeln?» – «Nein, der würde 1. Klasse fahren.»

Glücklich der Mensch,
der bei der Abfahrt
verabschiedet
und bei der Ankunft
erwartet wird.

In der Bahn trifft man auch Leute,
die aus der Bahn geworfen wurden.

Vielsprachig, spannend,
oberflächlich, lustig oder peinlich,
Bekannte und Unbekannte:
Twitter-Timeline oder Bahnfahren.

Auch wenn man
sich sehr nahe ist,
kann man sich ganz
fern bleiben.

Der nächste Zug nimmt auch problemlos mit, wer den geplanten verpasst hat.

Selbst wer entgegenkommend ist,
kann den ganzen Betrieb aufhalten.

Beim Bahnfahren ist es wie beim Twittern.
Man begegnet sich auf dem Weg,
die Timeline aber ist nie identisch.

Selbst beim besten Zug fahren
die meisten Wagen einfach mit.

Wenn der Zug Schluckauf hat, schüttelt es viele.

Gebet für alle Mitreisenden.
Ohne Aufpreis im Bahnticket
inbegriffen.

Die Züge fahren auch heute, obwohl ich daheim bleibe – oder: Nimm dich nicht so wichtig!

Es ist möglich, dass Menschen
verschiedenster Kulturen und
Religionen auf engstem Raum
friedlich zusammenleben.

Wer dringend Ruhe braucht,
trifft mit Bestimmtheit eine
gesprächige Dame.

Man darf nicht jeder Durchsage glauben.

Kirchenleute chatten glaubwürdig im
Internet, wenn sie auch in der Bahn
zu einem Chat zu treffen sind.

Ein Raum: Aufenthaltsraum, Telefonkabine,
Schlafzimmer, Speisesaal, Umkleidekabine,
Spielzimmer, Lesezimmer…

Nicht jeder Wagen muss ziehen, aber jeder Wagen
muss nachvollziehbar sein.

Auch wenn die Strecke immer gleich lang ist, dauert sie je nach Mitreisenden mehr oder weniger lang.

Der Zug nimmt auch Schlafende mit.

Wer mit dem Zug reist, bekommt nicht nur aus den Medien mit, was die Menschen beschäftigt.

Wir nehmen auch Verspätete mit.

Auch wenn alle Plätze besetzt sind, heisst das noch lange nicht, dass der Zug voll ist.

Wer mit der Bahn fährt, fährt nie allein.

Wer auf zuverlässige Leute vertrauen kann, kommt selbst bei Dunkelheit und ungünstiger Witterung mit 200 km/h voran.

Wer zuerst einsteigt, fährt nicht früher ab.

Der letzte Wagen ist weit hinten, aber er kommt auch mit.

Wer die wichtigste Arbeit tut, steht nicht im Rampenlicht.

In der Bahn treffen sich Welten.

Auch wenn man nicht im gleichen Zug sitzt, kann man miteinander reden.

Meistens ist die Mitteilung
‹Nächster Halt...›
Aufruf zu Solidarität.

Selbst ein verpasster Zug kann interessante Begegnungen schenken.

Nicht alle, die etwas sagen, haben auch etwas zu sagen.

Nicht alle, die warten, wollen auch einsteigen.

Den Menschen kann man nur verstehen, wenn man mit ihm unterwegs ist.

Nicht alle Leute, die im Zug sind,
wollen auch mitfahren.

Menschen, die den öffentlichen Verkehr benützen, sind mir sehr sympathisch :-)

Geschrieben nach der Medienmitteilung, dass der neugewählte Papst Franziskus als Erzbischof in Buenos Aires mit der U-Bahn unterwegs war.

Persönlich auch im Zug.

Kinder bringen Leben in jeden Ruhewagen.

Ein einzelner Zug darf den Kurs nur wechseln, wenn das ganze System darauf vorbereitet ist.

Willst du wirklich Krach, gehe am besten in den Ruhebereich.

Bahn führt Unbekannte und sogar
Bekannte zusammen.

«Mami, du fahrscht im Fall hinderschi!»

An vielen Orten

Wenn's irgendwo klemmt, klemmt's gleich an anderen Orten.

Nur ein kleiner Teil
der Menschen,
die nach Zürich fahren,
wollen auch
tatsächlich dorthin.

Nicht jeder Zug, in den wir selbst einsteigen,
bringt uns an den Ort, an den wir wollen.

Ich bin noch nie in der Enge stehen geblieben.

Jetzt bin ich über dem Damm.

Drinnen ist manchmal lärmiger als draussen.

In Burghalden steht die Uhr still
und trotzdem geht die Zeit weiter.

Wenn man in Bern sitzen bleibt,
kommt man in Zürich an.

Unterwegs im Zug von Fribourg nach Zürich.

Zug um Zug um Zug.

Ein Zug kann auch mit Ski fahren.

Fahre mit Henri Dunant
nach Luzern. Die Bahn
macht's möglich.

Blick aus demselben Fenster auf das Schloss Lenzburg und den Uetliberg.

Es gibt mehr Züge auf der Strecke als diejenigen, mit denen man selbst fährt.

Zug in Einsiedeln.

Nicht jeder Zug, der von der Enge wegführt, geht wirklich in die Weite.

«Bitte zurücktreten!» – Gut, dass man immer wieder daran erinnert wird, falls man der Sache im Wege steht.

Die Strecke Bern-Zürich schafft man spielend.

Eine Gruppe Jugendlicher jasst während der Fahrt.

Die Zeit, die man in Deutschland mit den Schnellstrecken gewinnt, verliert man auf dem Weg zum nächsten Bahnhof.

Wer in Bern zuvorderst einsteigt, kommt in Zürich zuhinterst an.

In Zürich gibt's nicht nur für den Ehrenbürger immer grossen Bahnhof.

Wer in den Zug nach Aarau einsteigt, kann auch in Schlieren aussteigen.

Die Bahn drückt auch mal ein Auge zu. Sogar am Sonntag macht der Zug Halt in Samstagern.

Auch wenn Enge angekündigt wird, bleibt die Hoffnung, dass es nachher weitergeht.

Zuverlässig wie die Bahn – in der Schweiz ein Kompliment.

«Ich bin auch ein Gebetshaus.»

Je höher der Zug steigt, umso Einsiedeln wird es.

Nicht jeder Weg führt in die Weite. Nächster Halt: Enge.

Die Bahn macht es möglich, dass ein Mönch sogar in Bern beim Mönch einkehren kann.

Gäbe es doch nur an jedem Bahnhof einen Treffpunkt!

Weil Obama in Jerusalem mit dem Auto unterwegs war, muss ich in der Schweiz einen späteren Zug nehmen.

Autor ist zur gleichen Zeit in Jerusalem. Der Präsident blockiert alles. Das Flugzeug nach Zürich kann erst mit einer Stunde Verspätung abfliegen.

Mit einem Zug kann man vieles verbinden, was Hunderte von Kilometern auseinander liegt.

In Zug im Zug.

Bei Tag und bei Nacht

Auch wenn's regnet kann man im Trockenen sitzen.

Selbst die Fahrt durch einen langen Tunnel kann die Kommunikation nicht verhindern.

Ein stabiles Gleis lässt auch bei Nebel mit hoher Geschwindigkeit fahren.

Es gibt Tunnels, die nicht mehr zu enden scheinen – wenn man stehen bleibt.

Ein guter Lokomotivführer leitet eine Vollbremsung ein bevor die Passagiere wissen, warum der Zug bremst.

Die Bahn fährt bei Regenwetter nach demselben Fahrplan wie bei Sonnenschein.

In der Dunkelheit merkt man den harten Untergrund stärker und Zeit vergeht langsamer.

Mit welcher Selbstverständlichkeit erwarten wir, dass es vorwärts geht.

Glauben, was man nicht sieht.
Habe den Lokomotivführer nicht gesehen – und erst recht nicht seine Fahrlizenz.

Ohne Vertrauen kommen wir im Leben nicht voran.

Kleine Entscheidungen können viel bewirken.
Mit einem Zug ist man aus dem Nebel im strahlendsten Herbstwetter.

Wenn man weiss, wohin man will,
ist auch ein Tunnel gut erträglich.

Nach guten Begegnungen ist die Heimfahrt auch bei Nacht nicht dunkel.

Nicht immer, wenn's bergab geht,
sind wir im falschen Zug.

Nass wird man nicht auf den langen Strecken, sondern auf den kurzen Wegen.

Auch wenn's heiss ist, kann's ganz cool sein.

Wie immer bete ich
die Psalmen des
Morgengebets in
einem Zug.

Auch wenn man daheim bleibt, bahnt sich einiges an.

Bahnfahren ist schon
eine heisse Sache.
Erst recht, wenn man
schwarz fährt…

Den Zug schafft nur, wer auch warten kann.

Bis jetzt bin ich noch aus jedem Tunnel herausgekommen, in den ich hineingefahren bin. Ermutigender Erfahrungswert.

Es stimmt nicht, dass es nicht regnet, nur weil man selbst im Trockenen sitzt.

In der Nacht ist es schwierig zwischen Tunnel und natürlicher Dunkelheit zu unterscheiden.

Auch wenn's ganz gehörig wackelt: Die Bahn lässt sich nicht so schnell aus dem Geleise bringen.

Nostalgiewagen inklusive Sauna ohne Aufpreis.

Fast alle Kurven sind programmiert.

Zug heisst Zug, auch wenn die Lok nicht zieht, sondern stösst. Sprache und Wirklichkeit gehen oft auseinander.

Draussen ist es manchmal kälter als man es drinnen vermutet.

Wenn ich im Tunnel die Umgebung nicht sehe, spricht viel dafür, dass die Wirklichkeit grösser ist als das, was ich sehe.

Der ICN verliert auch bei Schräglage nicht die Bodenhaftung.

Der Zug lässt sich von den ungünstigen Wetterbedingungen nicht davon abbringen, seine Mission zu erfüllen.

Wer es wagt, bei Regen in den Zug zu steigen, erlebt nicht selten, dass er bei Sonnenschein aussteigen kann.

Auf der Fahrt ins Wallis ☺

Einmal richtig aufgegleist findet der Zug den Weg auch wenn es dunkel ist.

Manchmal trifft das Wetter die eigene Stimmung und die der Mitreisenden. Und trotzdem fährt der Zug weiter.

Zug wie üblich pünktlich. Nur wenige zeigen Dankbarkeit, während viele bei gelegentlichen Verspätungen schimpfen.

Selbst wenn wir durch einen Tunnel fahren, hat nicht die ganze Welt Nacht.

Obwohl die Lebensenergie
der Gesundheit der Tageszeit
entsprechend bergab geht,
geht's jetzt nur noch bergauf.

Nach dem schweren Unfall nach einer der ersten ganztägigen Sitzungen auf der Fahrt hinauf nach Einsiedeln.

Vieles funktioniert heute,
weil früher der Mut zu
Baustellen da war.

Nicht immer, wenn's bergab geht, wird's schlechter.

Der Zug bleibt auch bei
Nebel treu auf seinem Weg.

Tunnels sind nicht attraktiv, aber sie bringen uns schneller ans Ziel.

Der Zug ist öfters abgefahren, als wir das bemerken.

Der Winter ist im An-Zug ;-)

Lieber coolen FLIRT als heissen Ersatzzug.

*FLIRT heisst der neueste Zug der Südost-Bahn;
der Ersatzzug der SBB war zusammengesetzt
aus nicht-klimatisierten Wagen.*

Um Mitternacht ist jeder späte Zug früh dran.

Wer früh unterwegs ist,
dem geht ein Licht auf.

Ein Tunnel ist erträglich,
weil man weiss,
dass er ein Ende hat.

Auch ein Zug, den man noch sieht, kann schon abgefahren sein.

«Ich bin auch ein Schiff.»
Schwimme im Bier. Gegenüber hat Überschwemmung organisiert.

Danke #SBB für die Verspätung! So reichte es noch.

Auch wenn die offizielle Anzeige stehen bleibt, fährt der Zug weiter.

Schon viele Menschen waren dankbar für eine kleine Verspätung.

Wer die Verbindung nach oben verliert, bleibt stehen.

Auch bei vielen Verspätungen ist Aufgeben keine Option.

Nicht jede Durchsage
ist es wert, dass man
sie hört und versteht.

Selbst der letzte Zug ist – Gott sei Dank! – nicht der letzte Zug.

Was nützt die Kraft von oben,
wenn der Zug nicht auf den Gleisen steht!

Vorteil bei der DB:
Auch wer zu spät ist, ist noch zu früh ;-)

«Wir haben auch Stress. Wir haben Stellwerkstörung.»

Ärgere mich über eine Entscheidung aus Rom. Überbrücke die Wartezeit auf einem Bahnhof bei einem Kaffee. Dann diese Aussage am Nachbartisch – ein Bahnangestellter zum andern.

Durchsagen, die man nicht versteht, nerven eher, als dass sie gleichgültig lassen.

Wer den Zug verpasst, hat dafür 1000 Gründe; wer ihn erreicht nur einen.

Man kann auch durch Baustellen seinen Weg finden.

Wenn ich selbst nicht mehr weiter weiss, ist es schwierig andern zu sagen, wo es weiter geht.

Nicht einmal beim
Bergauffahren merkt
man der Bahn an,
wie müde ich bin.

Selbst ein verpasster Zug birgt neue Chancen.

Nicht jeder Wagen, der auf dem Gleis ist, ist auf dem richtigen Gleis.

Der Zug fährt auch ohne mich.

Nicht jede Durchsage kommt zur rechten Zeit.

Auch wer im falschen Zug sitzt, kann eine interessante Reise erleben.

Manchmal hofft man,
dass der Zug länger stehen bleibt,
manchmal hofft man,
dass er endlich fährt.

Jede Entgleisung hinterlässt Schäden, nicht reparable, wenn Menschen involviert sind.

Zugleich wird in den Medien von einer Zugentgleisung berichtet und von einer Forderung eines Politikers, der sich verachtend über Asylsuchende äussert.

Die Wichtigkeit einer Durchsage korrespondiert nicht notwendigerweise mit der Verständlichkeit der Durchsage.

Stau gibt es dort, wo man stehen bleibt –
das ist Bahn wie Auto.

Glücklich, wer mit
Verspätung ankommt
und trotzdem noch
erwartet wird.

Es tut gut, das Belastende
des zu Ende gehenden
Tages in einem Zug
abzuschliessen.

Wer die Durchsage nicht versteht, wird sitzen bleiben.

Selbst ein kleiner Zug kann den nötigen
Abstand schenken.

Bahnfahren lehrt Geduld. Keine schlechte Tugend.

Gut angegangen machen selbst
Pannen Bahn frei für Lob.

Nicht jeder Zug, der nicht da ist, ist schon abgefahren.

Es gibt Momente, in denen zwei Minuten
Verspätung Freude bereiten würde.

Nicht immer verpasst man den Zug, wenn man zu spät ist.

Wenn die Verantwortlichen den Menschen kennen würden, kämen mehr Wagen in die Mitte und weniger vorne und hinten :-)

Chaos bei SBB kann auch dazu dienen, das eigene Chaos zu ordnen.

Wer mit der Bahn fährt, kommt nicht so schnell auf den Hund.

Wer nie Luft holt, wird unverständlich.

Manchmal erreicht man den richtigen Zug, weil man den falschen verpasst hat.

Wenn auch nur eine Tür nicht dicht ist,
ist der ganze Zug blockiert.

Selbst meine grössten Sorgen werfen den Zug nicht aus der Bahn.

Wenn die Türen geschlossen sind, ist der Zug abgefahren – auch wenn er noch da ist.

Wer Bahn fährt, kann auch Standhaftigkeit trainieren.

Wenn gar nichts mehr geht, ist es nicht so, dass alles ruhig bleibt.

Nicht überall, wo man stehen bleibt,
ist auch tatsächlich eine Haltestelle.

Durchsage im Zug.
Irgendeine Änderung.
Niemand versteht's.
Hauptsache Durchsage
gemacht. Kennen wir auch
in der Kirche...

Auch wer verschiedene Bahnen plant,
landet plötzlich in derselben.

Wer einmal zu spät ist, muss darauf
aufpassen, dass sich nicht Verspätung
an Verspätung addiert.

Bahnhof Biberbrugg wie im
richtigen Leben: Baustelle,
Chaos, Verspätung – und doch
funktioniert's irgendwie.

Selbst mit dem Rücken an der Wand
kann man vorwärts fahren.

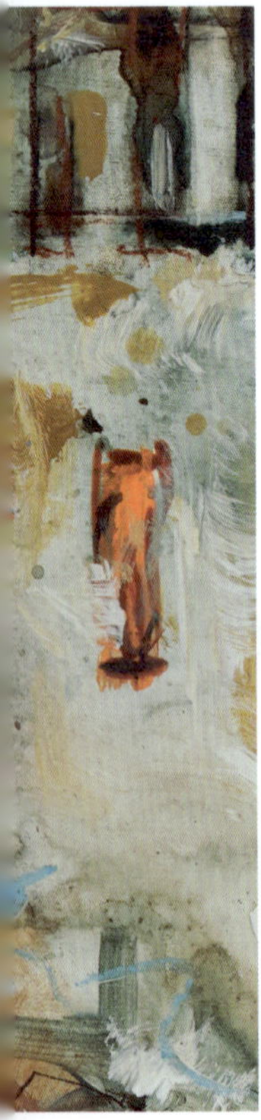

Nicht immer wenn's aufwärts geht, ist man erleichtert.

Kann wieder Fahrplan lesen,
ohne nur Bahnhof zu verstehen.

Selbst ein verpasster Zug birgt neue Chancen.

Es nervt, wenn's selbst auf gerader
Strecke nur langsam vorwärts geht.
Und doch ist es besser für uns.

Auch wenn man genervt in den Zug einsteigt,
fährt der Zug nicht nervös.

Eine Zugfahrt lässt einige Sorgen fahren.

Selbst wer im falschen Zug sitzt,
kann vorwärts kommen.

Selbst wenn man sich verfährt, verliert man keine Zeit. Es bleiben 24 Stunden pro Tag.

Gelegentliche Stellwerkstörungen bei der Bahn nerven so sehr,
weil wir Stellwerkstörungen im Leben zur Genüge kennen.

Wer in der Bahn liest, kommt zügiger voran.

Manchmal geht's vorwärts, selbst wenn man nichts merkt.

Auch wenn es zügig vorwärts geht,
gibt es viele Haltestellen.

Mit einigen Zügen kommt man weit.

Nicht immer ist der nächste Zug der schnellste nach Hause.

Meistens bleibt zwischen zwei Zügen nicht viel Zeit.

Im Zug bin ich nicht mehr im Zug.

Nach Warten am Bahnhof im starken Wind.

In einem Zug danke ich allen mütterlichen Menschen und wünsche einen gesegneten Muttertag!

Nicht jeder Zug wartet mit der Abfahrt, bis wir bereit sind.

Manchmal geht es richtig zügig voran, ohne dass man es überhaupt bemerkt.

Auch was langsam fährt, kann ein Schnellzug sein.

Gleichnisse bringen Lebenserfahrungen auf den Punkt und lassen den Gedanken doch freie Bahn.

Minibar vorbeigerauscht.
Wird sich ärgern, dass
niemand etwas kauft und
nicht merken, dass er selbst
der Grund ist.

Im Zug erledigt sich manches viel zügiger.

Ein Zug fährt nicht nur dann vorbei, wenn wir ihn sehen.

Ungeduld bringt nicht schneller vorwärts.

Selbst Steigungen kann man zügig nehmen.

Auf der Schnellstrecke ist
der Empfang schlechter.

Ziehe Zug dem Bus vor,
bin aber lieber
im Bus als im Zug.

Im starken Wind auf den Bus gewartet,
der mich zum Zug bringt.

Wer viel im Zug ist, erkältet sich leicht.

Manchmal fährt der
Zug schneller als dass die
Gedanken kommen.

Gestern das Leben in vollen Zügen genossen.

Wer mit Mini-Bar wie ein
Schnellzug durch den Wagen rast,
dem glaubt man nicht,
dass es sini Bar ist.

Der Zug fährt manchmal später ab, als wir es erwarten.

Selbst eine S-Bahn kann TGV überholen.

Bin hungrig und durstig.
Minibar fährt vorbei.
Keine Chance. Ergeht es
nicht vielen Menschen so
mit der Kirche?

Auch diejenigen, die in die entgegengesetzte Richtung fahren, können auf dem richtigen Weg sein.

Nicht alle Eingestiegenen sind noch drin.

Ein schneller Zug rast an vielen wartenden Menschen vorbei.

Wenn der Zug auf offener Strecke stehenbleibt, kann man nicht einfach aussteigen.

Der Zug kann sehr
wohl stehen bleiben,
auch wenn die Zeit
vorwärts geht.

Nicht jeder, der abfährt, fährt auch wirklich ab.

Wenn man mal eingestiegen ist,
geht's vorwärts ohne viel Dazutun.

Beim Vorbeifahren übersieht man ein Vielfaches von dem, was man wahrnimmt.

▶ Jeder abfahrende Zug bereitet mehr Menschen Freude, als er verärgert.

Bei jedem Lokführerwechsel gibt es
auch einen Wechsel des Fahrstils.
Es ist ruhiger geworden.

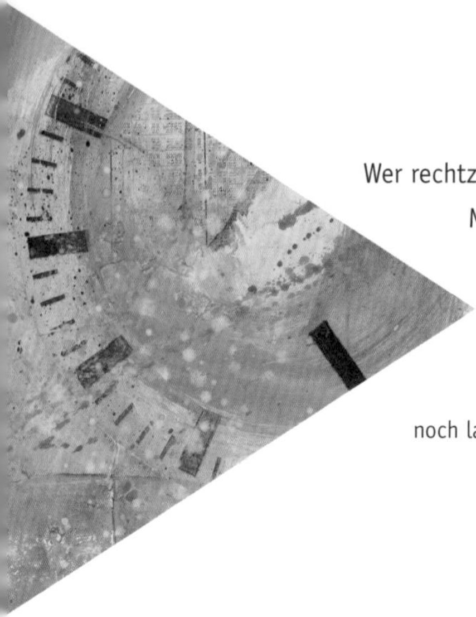

Wer rechtzeitig einsteigt, hat vom ersten Moment an mehr von der Reise.

Wenn man pünktlich im Zug ist, heisst das noch lange nicht, dass der Zug auch pünktlich abfährt.

Nur was sich bewegt kann bewegen.

Wenn der Zug in Fahrt ist, wird es ruhiger.

Wer im Doppelstockzug oben reist, ist nicht schneller am Ziel als die unten; sieht aber mehr – falls Augen offen sind.

Nicht alle, die warten, steigen auch ein.

Die Geschwindigkeit des Vorwärtskommens hängt nicht vom Alter ab.

Wenn's vorwärts geht,
kann man sehr wohl den
Eindruck haben, dass alles
stehenbleibt oder sogar
zurückgeht.

Der Zug lässt sich Zeit – und nimmt uns nolens volens auf die Reise mit.

▶ Wenn man Sonntag im Herzen hat, strahlt sogar der fast leere Zug Sonntag aus.

Wo das Flugzeug strandet, führt die Bahn weiter.

Auch wer daheim bleibt, kann durch Welten reisen.

Freier Wille zeigt sich nicht darin, dass man gefahren wird, sondern in Entscheidung, in welchen Zug man einsteigt.

Wer immer schwarz fährt, wird mit der Zeit nicht mehr kontrolliert.

Jugendliche können nicht verstehen, warum mich der Zugführer bei der Kontrolle nicht weckt. Er kennt mich und mein GA, weil ich fast täglich auf dieser Strecke unterwegs bin.

Dankbar, dass es vorwärts geht.

Ein Zwischenhalt schenkt neue Perspektiven.

Wer rechtzeitig da ist, muss deshalb noch lange nicht auch wach sein.

Heute ist mir die Zeit davongelaufen, aber den Zug habe ich noch erwischt.

Wenn die Bahn nach rechts ausschlägt, drückt es die Leute nach links.

Auch vorgegebene Gleise können durch spannende Gegenden führen.

Wer immer im wörtlichsten Sinne des Wortes pünktlich ist, hat mit der Zeit den Eindruck, der Zug fahre, weil er da ist.

Viele Züge fahren ab, bevor die meisten Menschen auch nur auf den Gedanken kommen, sie könnten einsteigen.

Auch wenn's bergab geht, darf man den Zug nicht einfach rollen lassen.

Wenn man immer den nächsten Zug nimmt, verpasst man nie einen.

Nostalgiewagen sind interessant und teuer. Aber im Alltag sucht man sie nicht, selbst wenn es keinen Aufpreis gibt.

Wer sitzend mitfährt, bemerkt kaum die Steigung,
die es zu bewältigen gilt.

Wer im Zug nach vorne blickt, schaut nach einem Sackbahnhof plötzlich nach hinten, ohne etwas gemacht zu haben.

Wer länger wartet, hat nicht unbedingt einen besseren Platz.

Manchmal ist der längere Weg der kürzere.

Auch wenn man unterwegs ist,
kann man Momente der Ruhe haben.
Auch wenn man Momente der Ruhe
hat, kann man unterwegs sein.

Auch wenn man zu früh auf dem Bahnhof ist, fährt der Zug deswegen nicht früher ab.

Der Zug ersorgt die Steigung nicht.
Er nimmt sie, wenn sie da ist.

Selbst modernste Technik kann das Geschüttelt-Werden nicht verhindern, wenn der Untergrund schlecht gemacht ist.

Auch wenn der Zug mit Verspätung abfährt, kann ich davon ausgehen, dass es dafür gute Gründe gibt.

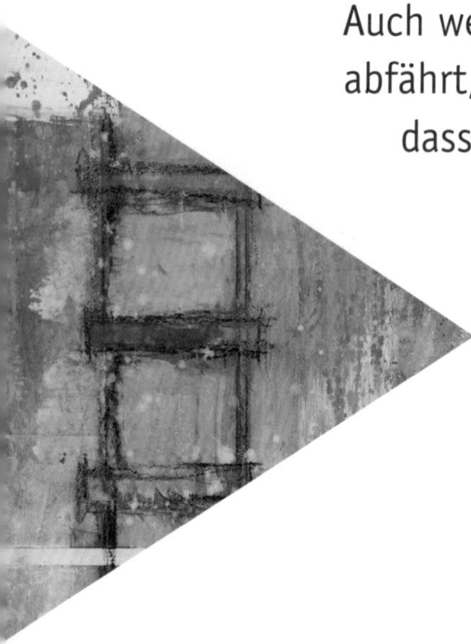

Zugsverspätung ist immer dann okay, wenn man persönlich davon profitiert.

Im Zug ist es möglich, vorwärts zu fahren und rückwärts zu schauen.

Der Zug fährt weiter, auch wenn er angekommen ist.

Wer im Zug seine Haltestelle verschläft,
kommt weiter als gewollt.

▶ Selbst wer nichts tut, bleibt nicht einfach, wo er war.

Nicht jeder, der langsam fährt, will anhalten.

Wer es vorzieht, im geheizten Wartesaal sitzen zu bleiben, kommt nicht vorwärts.

Manchmal kommt man weiter, wenn man sitzen bleibt.

Nicht jeder Zug, der in die richtige Richtung fährt, hält auch am richtigen Ort.

Man darf sich auch freuen, wenn's bergab geht.

Wenn es jetzt aufwärts gehen würde, wäre ich im falschen Zug.

Der Zug fährt immer auf derselben Spur.
Und doch ist keine Fahrt wie die andere.

Der Zug geht nur vorwärts,
wenn er Kraft von oben erhält.

Wenigstens mit der Bahn geht's aufwärts.

Auf der Heimreise nach einem entmutigenden Sitzungstag.

Manchmal muss man zuerst zurückfahren,
um das angestrebte Ziel zu erreichen.

Wer sitzen bleibt, fährt wieder zurück.

Der Zug ist abgefahren – und ich
bin froh, dass ich drin bin.

Das Faszinierende der
Bahn besteht darin, dass
nicht alle Züge gleich
fahren, aber koordiniert.

Manchmal realisiert man erst
durch das Rütteln, wo man sitzt.

Die Bahn hat schon manche zum Fliegen gebracht.

Wer schneller fahren will als der Schutzengel
fliegen kann, sitzt in der Bahn am besseren Ort.

Es gibt Strecken, die man so gut kennt, dass man das Überraschende nicht mehr wahrnimmt.

Nicht jeder Zug bringt uns weiter.

▶ Auch ein pünktlich gestarteter Zug kann genährte Hoffnungen enttäuschen.

Auch wenn's bergab geht, kann man sehr wohl
auf dem richtigen Weg zum Ziel sein.

Ein guter Zug führt dem Ziel ein wenig näher.

Was für den gesunden
Menschenverstand die kürzeste
Strecke ist, muss nicht auch
zeitlich die kürzeste sein.

Nicht jeder, der abbremst, ist am Ziel.

Wer spät nach Hause fährt,
ist früh daheim.

Wer auf Zug aufsteigt, der aus Wagen der Vermutungen besteht, muss sich nicht wundern, dass er im Abseits landet.

Nur wer unterwegs bleibt, erreicht Ziele,
die sich lohnen.

Ankommen kann nur, wer auf dem Weg ist.

Nicht allen, die im gleichen Zug unterwegs sind, ist bewusst, dass sie das gleiche Ziel haben.

Lieber spät ankommen als gar nicht.

Die Qualität einer Fahrt hängt wesentlich von der Bedeutung ihres Ziels ab.

Wahrscheinlichkeit, auf vorgegebenen Spuren das Ziel zu erreichen, ist grösser als die Fahrt nach Gutdünken.

Die meisten Ziele erreicht man nicht mit einem Schnellzug.

Nicht immer, wenn man am Ziel ist, ist man auch angekommen.

Wichtig sind nicht nur die Zielstationen, wichtig ist auch der Weg dorthin.

Nicht jeder Zug hält, was er verspricht.

Nur wer die Menschen sammelt, kann sie zum Ziel führen.

Nicht alle, die miteinander zum gleichen Ziel unterwegs sind, kommunizieren auch miteinander.

Wir erreichen das Ziel nur, wenn wir uns an allen Umsteigeorten am Ziel orientieren, obwohl es noch weit entfernt ist.

Wer Regionalzug nimmt statt Schnellzug hat längeres Erlebnis zum selben Preis und kommt doch ans Ziel, wenn Richtung stimmt.

Wenn man mit der Bahn nicht ans Ziel kommt,
weiss das Postauto den Weg weiter.

Nur wenn man bereit ist,
Schönes und Belastendes
zurückzulassen, kommt man
ans Ziel.

Daheim ankommen kann nur, wer weg war.

Nicht alle, die am Anfang
einsteigen, sind bis zuletzt dabei.

Wenige Menschen werden vom Zug
dorthin gebracht, wo sie hinwollen.
Und trotzdem finden die meisten den
Weg zum Ziel.

Wichtig ist nicht, in welchem Zug man sitzt.
Entscheidend ist, ob man am richtigen Ort ankommt.

Ein Zug kann nur gelingen, wenn er mit Respekt vor dem Ganzen geschieht.

Auch wenn man rechtzeitig abfährt, kann man zu spät ankommen. Auch wenn man zu spät abfährt, kann man rechtzeitig ankommen.

Wenn der Zug beim Lichtsignal wartet, sind wir früher am Ziel, als wenn er durchfahren würde.

Manchmal muss man einen Umweg machen, um früher am Ziel zu sein.

Die meisten Ziele erreicht man nicht mit einem Zug.

Auch ein mühsamer Umweg kann rechtzeitig zum Ziel führen.

Lieber ankommen als abfahren.

Wenn man erschreckt aufwacht,
ist man meistens noch nicht,
wo man sein sollte.

Züge fahren auch, wenn man
mehrere Tage abwesend ist; aber
daheim ist man deswegen noch nicht.

Manchmal erreicht man ein Ziel nur dank einer Umfahrung.

Die meisten Ziele erreichen wir nicht auf geraden Linien.

Selbst eine Umleitung kann ans Ziel bringen.

Es wäre fatal, würde man aufgeben, wenn man ein Ziel nicht in einem Zug erreicht.

Ein Zug ist angekommen, wenn er anhält;
ein Bahngleichnis ist angekommen,
wenn es weiterrollt.

Zugschlusssignal

Twitter, Bahnhöfe und Züge sind Marktplätze unserer Zeit. Dort begegnen wir Menschen aus aller Welt. Ich bemühe mich, mit dem Motto «Höre und du wirst ankommen» unterwegs zu sein. Dieses Motto setzt sich zusammen aus dem ersten (ausculta) und dem letzten Wort (pervenies) der Benediktsregel, einem Leitbild für das Mönchsleben. Der heilige Benedikt (5./6. Jahrhundert) ist überzeugt, dass wir auf den Marktplätzen unseres Lebens Gott begegnen, wenn wir «mit offenen Augen und aufgeschreckten Ohren» durchs Leben gehen.

Ich freue mich, wenn die Bahngleichnisse dazu beitragen und anregen, mit offenen Augen und aufgeschreckten Ohren durchs Leben zu gehen. Wer dahinter schaut, sieht mehr. Zusammen mit vielen Menschen darf ich immer wieder den entdecken, der das Ziel unseres Lebens ist.

Also, wer wir sind und wo immer wir auch sind: Gemeinsam an vielen Orten bei Tag und bei Nacht trotz Pannen zügig unterwegs zum Ziel!